四十にして立つ
こころの肥やし

大巖 しゅんゆう
DAIGAN Shunyu

文芸社

はじめに

お寺の一人っ子として生まれた私は、物心ついた時には周りから「次の住職さん」と言われていた。

世間ではごく自然な考え方なのかも知れない。

ところが、四百年余りの歴史があるこのお寺で世襲は私が初めてなのである。

元来、お坊さんは家庭を持たなかったし、家や財産の相続が大切なのではなく、正法《しょうぼう》の相続に重きを置いてきた。正法とは、お釈迦さまの教えを正しく理解し実践することである。その正法は一器の水を一器に移すように（一器水瀉一器《いっきすいしゃいっき》）伝えるものだと言われている。

これは大変なことで、受け継ぐ側は自分という器が空っぽでなければ混ぜ物になってしまうため、よっぽど傾倒する人に出会わなければ出来ることではない。

因みにその人のことを正師《しょうし》という。

その正師との出会いによって正法は相続される。正法が住持《じゅうじ》するお寺に住まうところから、「お住持さん」とか「ご住職さん」と呼ばれるのである。

駐在所にいる警察官を「駐在さん」と呼ぶのに似ているか？

お釈迦さまはじめ歴代の祖師（開祖）方は、「私の人生」の苦しみの中で正師との出会い、正法を求めて東奔西走したのである。

お寺に生まれたから次の住職は君だというのでは、会社を相続する創業家の御曹司ならいざ知らず、正法を護るお寺の後を継ぐという点ではあまりにもお粗末と言わざるを得ない。

歴史を顧みれば、明治維新による廃仏毀釈による混乱があり、その後は世界大戦があった。戦後は農地改革などによって、寺院を維持することが出来なくなってしまったという史実はある。その影響によって、現在のような所帯じみた風潮が定着してしまったのは致し方ないとは思う。

私は常々、僧侶の立場としては大きく二つのものがあると思っている。

一つは、社会の中でも重要な役割として葬祭業を執り行ったり、宗教法人としての組織運営や、埋葬地の管理者としての業務という責任ある立場である。(昨今はネット派遣のお坊さんや、通信教育でお坊さんになれるというものもあるが)

もう一つは、法を伝え、法を護ること。前に述べた「一器水瀉一器」のように、正師の水を受け継ぎ、伝える行者としての存在である。

この二つは、明確に色分けすることは出来ないが、何に重きをおいているかは、その人の言動に何となくその色合いは滲み出てくる。

お寺に生まれ育ち、物心ついた頃には周りから、「次の住職さん」と言われていたそんな私も四十の歳を迎えた。

十五歳を「志学《しがく》」、三十歳を「而立《じりつ》」、四十歳を「不惑《ふわく》」と言うが、これは『論語』によるらしい。

孔子《こうし》曰く、「吾十有五にして学《がく》に志し、三十にして立つ。四十にして惑わず……」と。

現在は、親の後を継ぎ住職をしているが、今でも惑うことはある。これでいいのだろうか、と。

人々の悲しみ悩みに対して、信仰という立場を担う人間として、どんな色合いを感じ取られているだろうか、と。

お粗末な人間であることは否めないが、それでもこれまで培ったもの、育てて頂いたことに報いてやっていくしかない。

「お前の声は粥半分じゃ」

（声が小さいということなのか？）

恩師に言われた言葉だが、言われた時にはその意味が分からなかった。腹いっぱい食べたから大きな声が出るものでもないしなぁ……と。

その後の長い年月、いつも頭の隅には恩師のこの言葉があった。

その恩師もご遷化《せんげ》（僧侶が亡くなること）され、何をご教示下されたのか今では確かめられないのだが。

（そもそも大勢の修行僧を抱えておられる方が、いちいち煩悶する一人の小僧のことなど覚えておられないに決まっているが）

大勢の前で何を怒られたかも分からず、恥ずかしいような悔しいような思いがあって、私にとってはいつまでも忘れられない言葉となった。

近年になって、私なりに臍落《ほぞお》ち（納得）したのは、これまで何度も目にしていたが「一日不作《ふさく》、一日不食《ふじき》（一日作《な》さざれば、一日食らわず）」（百丈懐海《ひゃくじょうえかい》禅師の言葉）という有名な禅語を見かけてのことである。

頂いた分に相応していない、ということではないだろうか――と。

よく自分のことは自分が一番知っていると言うが、一面はそうかも知れないが、自分の可能性に関しては気が付かないのだと思う。良き人との出会いによって自分の可能性が引き出されたという話はよく聞く。良き人に出会い、良き人に導かれて自分を知り、自分の可能性まで教えて頂けるのは、一度きりの人生、この上ない幸せだと思う。

いくら可能性があってもそれに気付く機会、伸ばす修練の場がなければ育つものも育たない。居心地のいい環境ではなく、失敗したり恥辱を受けたり、苦労した経験の場面や機会が、のちの人生に心豊かな幸せをもたらしてくれたりする。

私の場合、お寺に生まれ「次の住職さん」と言われることが、かつては嫌で嫌でしようがなかった。その運命を憎んだこともあった。

ただ、それを理由に学に志すこともなく、徒《いたずら》に日々過ごしてきたのだが、結局はお寺の修行生活をすることとなる。だがそれがかけがえのない体験となり、良き人との出会いに繋《つな》がったのだった。

人間万事塞翁《さいおう》が馬なんだなと感じる。何が幸で何が不幸か予測しがたい。

その何もかもが今の私にとっては「こころの肥やし」となっているから……。

留惑潤生《るわくじゅんしょう》（惑を留めて生を潤す）――運命も徒に過ごした無駄に思える日々も大切な気付きの機会となり、それこそが超克への肥やしになる。人生に無駄なことなんて何もないのだと思う。すべてが「こころの肥やし」になるのだ。消化不良は煩《わずら》いのもとになるが、無駄なく栄養にしなくちゃ勿体ない。自分をここまで成長させてくれた肥やしなんだから。

これから紹介する話は、娑婆《しゃば》（一般世間のことを言う）では見かけることがない、お寺の小僧さんのハチャメチャな出来事です。

九十年代は、今から思うと随分ゆったりとした時代だったなと思う。今では世間から叩かれネットでニュース沙汰となることも（当時だって誰も許してはいなかったんだろうけど）、寛容な時代的雰囲気の中、まだそうした行為や、やらかす人物の居場所はあったように思う。

読み進めて頂くと、「これでいいのか？　ふざけすぎではないのか？」としか

思えないこともあるかも知れないが、一応やるべきことは真面目にやっています
から、お許しのほど。

四十にして立つ　こころの肥やし◆目次

はじめに　3

第一章　中学生の頃　15

受験シーズン　20
得度式《とくどしき》　23
〈コラム〉慚恥《ざんち》の服《ふく》、最《もっと》も第一《だいいち》なり　27
出家《しゅっけ》　29
方便《ほうべん》　34
〈コラム〉休みの用心　43

第二章　高校時代 47
修行 49
〈コラム〉安居《あんご》の道場《どうじょう》、諸仏《しょぶつ》の住世《じゅうせ》なり 54
規則正しい生活 57
新到《しんとう》 60
正坐 63
〈コラム〉お盆に考える 67
一年生 70
〈コラム〉違順相争《いじゅんあいあらそ》うは心病《しんびょう》のもと 74
神・人間・パシリ・奴隷 78
キャラクター 84

出来る和尚さん　88

第三章　過去があっての今　93

不惑の道は遠い　96
〈コラム〉十日《とおか》の菊　100
〈コラム〉「一」の大事　102
四種の馬　104
〈コラム〉如来《にょらい》さま　109
〈コラム〉身心《しんじん》は一如《いちにょ》　112

あとがき　117

第一章　中学生の頃

まず、自己紹介をします。

身長一六五センチ、体重五六キロ、あばら骨、剣状突起《けんじょうとっき》（胸の真ん中にある骨）が浮き出ている痩せの大食い。特技は牛乳早飲み。給食に出る二〇〇ミリリットル入りの一瓶を約一秒で飲む。

勉強嫌いで、授業中はノートに落書きしたり、消しゴムをちぎっては前の人の頭に投げたり、机の引き出しにカセットウォークマンを忍ばせ、イヤホンを制服の中を通して袖から出して音楽を聞いたりして過ごしていた。

部活の練習は嫌いで帰宅部。公園で屯《たむろ》してはタバコをふかし、盗んだ自転車を二ケツして時間を潰《つぶ》しては家に帰るといった日々を過ごしていた。

進学の心配がないことはなかったが、どこか初めから決められた将来を約束、期待されているというのを肌で感じていたので、じたばたしてもしようがないといった無気力感があった。

ただ、将来の心配がないというのは恵まれていると周りからは言われた。ところがどうだろう。一つしかない道、自分で決めたわけでもない道、大人に敷かれた道を、ゴールの見えてる道を惑わず歩けるほど自分も馬鹿じゃない。馬だって鹿だって、無理に手綱を引かれりゃ意志を持って抵抗するものだ。

しかし、浅い知識と狭い世界観しかない中学生である。どれだけ考えてみても、このまま後を継ぎ住職になるならば世間は持ち上げてくれるだろうし、良い大学を出たからとてお寺の法務《ほうむ》に変わりのあるわけでもなし、という発想から抜け出すことは出来なかった。

そのため、「それならば、人と違う今の時間を有効活用しようか」とか「勉強してそれに付属して起こる将来の道を切り開こう」なんて発想は湧かず。何のために勉強しているのか、何のために部活しているのか分からない空虚な中学生ライフであった。

己一人ではどうしようもない、抗《あらが》うことの出来ない運命なんだと諦める。自分の得手不得手は問題とせず、周りから期待されることに対し己の内で葛藤する。そのエネルギーは反抗期と相まって、大人への反抗、社会への不満、犯罪、いじめ、引きこもりにも繋がるということは、のちに出会う同じ境遇の仲間たちから知る。

受験シーズン

勉強しない私も、塾へ通ったり家庭教師についてみたりはしたが、結果に繋がることはなく、成績はよくならないまま受験の日は迫っていた。

あの高校へ行きたい、などという願望などありはしない。ただ一つあったのは、「お寺」という現実からの逃避だけだった。

頑張ってみたところで大学卒業後には修行生活が待ち受けているし、尻切れトンボになるのは目に見えている勉強や部活。だが将来を期待する親や周りの檀家さんたちからの視線は、私の思いなど無視して押し寄せてきた。そんな現実には抗いようもなく、私は飲み込まれていった。

しかし敷かれたレールの上を歩かされることにより、埋めようのない寂寥感《せきりょうかん》に襲われる毎日、忘れられる場所が欲しかった。そこで俄《にわか》に考えたのは、家から遠い都心の私立高校に通うことだった。都心を夢見て、何か変わるだろうという思いからだった。大した動機もなく選んだ高校だったが、面接の練習では、志望理由に定型文の組み合わせを用意していた。

だが勉強嫌いで授業などまともに聞いていなかった私が、さあ受験だと意気込んだところで合格するわけもなく、しっかり落ちた。自分でも何となく受かりそうな気はしなかったが、マークシートなら何とかなるかと期待していたのだが。残るは公立受験。

「この成績で行ける所は……どこも難しいね。でも頑張ってみる価値はあるよ」

と言われた公立高校は、家から自転車で三十分で行かれる所にあった。それは私にとって現実逃避出来ない「三十分圏内」。

「高校行かない。働く」

親は困った顔をしていた。でもこう宣言した私はスッキリした気分だった。

これで意味のない勉強をしなくていい。みんな良い仕事に就くために勉強して進学するんだから、私の場合はもともと良い大学も学歴も大した問題ではないのだから。

と言ってはみても、私の考えと世間の見方は違う。そこで両親は考えた。

「お寺で働きながら、高校卒業の資格も取れる所ってのはどうだ？」

受験に落ちて進学の意思もなくなっていた私は、もうどうにでもなれという気持ちも手伝い、この縛られた圏内から出られるのなら何でもいいや、という軽い気持ちから家を出てしまったのだった。

得度式《とくどしき》

時は少し遡って小学生の頃になる。

お坊さんになるにはまず得度式ということをしなくてはならない。簡単に言うと髪を剃り、坊さんとしての衣服（袈裟）と食器（応量器）を授かり、僧侶としての心得を受ける式である。

本来、得度というものは、志を持って僧侶になろうと決心し、これまでの娑婆の色気《いろけ》の象徴でもある髪を剃り、煩悩を剃り、伸びてきては剃り、浮かんでは鎮めていく生き方への節目の式なのである。

その時に導いてくれる人を受業師《じゅごうし》と言い師匠《ししょう》と呼ぶ。

お寺の息子に多いことだが、私の場合十歳の頃、両親が急に着物を縫ったり、お袈裟を縫ったりしていた。どうしたのかと聞くと、今度お前の得度式をやるからと言われた。

何のことか分からないままその日を迎え、多くの檀家が集められ、皆が私の出家の儀式を涙を流しながら見つめていた。

こうして、いつの間にやら因縁付けられていた私である。

中学生の頃には、「立派な跡取りさんになってきたね」と言われていた。いつから言われ始めただろう……。

私には現在倅がいるが、生まれた時から「跡取りが出来てよかったね」「将来安泰だね」と皆さんから言われている。私も物心ついた幼い時分には、すでにそう言われていたのを覚えている。当時、私はその言葉はとても嫌だった。

昭和の時代、長男が家督を継ぐというのは当たり前のことで、我が家もご多分に漏れず、そうならないと恥ずかしいとも考える親たちだった。

宗教法人には、住職とその親族関係者以外は住めないという事情を考慮してかも知れない。もし住職が亡くなると関係ない者は出て行かなければならないのだ。

両親は「大きくなったら好きなことをしていいよ」と言いながら、「甲子園を目指す」とか「料理人になる」とか「海外で仕事がしたい」と言えば、「お寺のことはどうなる?」と言われた。まずはお寺ありきで、好きなことをしていいなんて言うのが理解出来ない。実際、大学を卒業した時に「寺には帰らない」と言ったら、泣きながら「情けない。そんなふうに育てた覚えはない」と来た。

お寺には檀家さんがいる。墓地がある。ご先祖さまが祀ってある。土日には法事がある。いつお葬式が入るか分からない。そんな環境で好きなことが出来るかどうか子供でも分かる。

大きなお寺では出来ないが、一昔前は僧侶と教員という二足の草鞋《わらじ》で、うまく仕事を両立させている人が多かった。それは、お寺で急な行事などが入ると学校が融通を利かせてくれたという大らかな時代のことである。昨今は、学校に勤めたらそんな余裕はなく、お寺の方はほったらかしにすることになる。

普段がスーツで学校勤めなので、久しぶりに着物姿でいたらお詣りに来た人から、「あら珍しい、着物なんか着ちゃって」と言われる。

お葬式の依頼が来ても、教員の仕事が優先なので代わりのお坊さんに務めてもらったりする。顔を合わせる機会がなく、「うちの檀那寺の和尚さんが誰だか知らない」、「見たことない」なんて話も聞いた。

教員一つとってみてもこの有様である。うちはお寺の護持《ごじ》だけで何とか勤めており、とても好きなことなど出来ないというのは、中学の頃には何となく察しがついていた。

「オレには関係ない」と言って飛び出せばいいのだが、まだそんな大それたことが出来る年頃でもなかった。

〔コラム〕
慚愧《ざんち》の服《ふく》、最《もっと》も第一《だいいち》なり

（『常清寺たより』平成三十一年二月）

仏さまの着物を「袈裟《けさ》」と言います。その袈裟のことを「福田衣《ふくでんえ》」とも言います。良き田にたとえて出来た言葉です。

袈裟を身に着けるとは「世の羞恥《しゅうち》を遮《おお》う」ことです。旅の恥は掻き捨てなど、世の中では色々恥じらわねばならぬ事を平然とやってのけることもありますが、仏さまの教えに親しく調った袈裟は、つつしみの心が生まれる福を生ずる田のような着物です。

慚愧《ざんち》の服《ふく》は諸《もろもろ》の荘厳《しょうごん》において最《もっと》も第一《だいいち》なり

お釈迦さまの御遺言《ごゆいごん》のお示し『仏遺教経《ぶつゆいきょうぎょう》』にありますように、袈裟を身に着ける者は、何かにつけて恥を掻き捨てというようなことは思わないで、こういうことは恥ずかしい仕業だ、こんなことをしては似合わない、という恥を感じるようになります。これ以上に上々の着物はありません。

また、色合いがどうの、柄が気に入る気に入らん、と好き嫌いする心、えり好みが煩悩をつくります。それを絶ち越える仏さまのお徳《とく》を具《そな》えているから、「解《げ》脱服《だっぷく》」とも言います。

出家《しゅっけ》

ここで出家ということに触れておきたい。

出家という言葉は今から約二千五百年前、インドでシャカ族の一国の王子であったゴーダマ・シッダールタが人生の無常を感じ、お城を抜け出して修行の生活に身を置き、お釈迦さま（シャカ族の出身故にこう呼ばれる）として俗世間との間《ま》を置きながら、生涯遊行《ゆぎょう》の生活をしたところから始まる。

そのきっかけとなったのが四門出遊《しもんしゅつゆう》。

物思いにふけってばかりいた王子を心配して父と母は従者を連れて外へ遊びに行くように促す。

お城には東西南北に門があり、東の門を出ると、そこにはヨボヨボのおじいさんがいた。

何も知らない王子さま。

「あれは何だ？」

「老人と言って、誰しも年老いてあのようになっていきます」

「…………」

「別の道を行こう」

南門を出ると、そこには患《わずら》って寝ている人がいた。

「あの者はどうした？」

「病人と言って誰しも病むことがあるものです」

「…………」

西門を出ると、お葬式の行列に出くわした。

「何事だ？」

「お葬式、野辺の送りです。誰しもいずれは死んでゆくものです」

「…………」

北門を出ると、修行僧に出会います。

感銘を受けるのは、何も言葉ばかりではない。その姿を見ただけで、作品を見ただけで衝撃を受けることがある。滲み出る品格というものは、その人の人生そのものを表しているようだった。

人は生まれた以上、老い、病、死を免れることは出来ない。この定まった因縁の中で、ボンヤリと生きて宿縁を迎えるほど虚しいものはない。王子はその修行僧のシャンとした姿を見て、今の自分を取り巻く環境や不毛な物思いにふける生活からの脱却を決心したわけである。

そしてある日の夜、皆が寝静まった頃に王子はお城を抜け出したのだった。王子としての位を捨て、家を捨て、髪を剃り、家族を捨てて。

坊さんになるというのは俗縁を断ち切って仏縁に入るということ。その機が熟した時というのは、果たして偶然だったか必然だったか。

ご縁は授かりものだと思うが、そのご縁を繋ぐか切るかは自由。自由は「自らに由《よ》る」、責任を持っての自由なのである。

お釈迦さまは自らの意志で正師を求めたのである。

人生を振り返ってみれば、これまで歩いてきた風景はよく分かるが、振り返ってみるだけのものがない者にとっては、誰かの導きということが一大事になってくる。

良き人に導かれれば間違うこともないだろうが、師を間違えば、宗教がもたらした事件がいくつもあるように、人生を間違うことにもなりかねない。

しかし良き師とは？

人を見る目というものは、自分が育っただけ見る目も育つもの。

「仏家には、教の殊劣《しゅれつ》を対論《たいろん》することなく、法の浅深《せんじん》を択《えら》ばず、ただし修行の真《しん》偽《ぎ》を知るべし」

（道元《どうげん》禅師『正法眼蔵《しょうぼうげんぞう》』）

お釈迦さまは跡取りに摩訶迦葉尊者《まかかしょうそんじゃ》を選ばれたが、摩訶迦葉尊者もお釈迦さまを師と選ばれた。師弟共に感応道交（人に応じた仏の働きかけと、それを感じ取る人の心とが相交わり、合致する意）し認め合ったのである。

世間の噂や評価、氏素性、外見の好き嫌い、言論だけでなく、行解相応《ぎょうげそうおう》（理解と行動・理念と実践が一致）、言動一致に着目して見ることが一大事を得ることに繋がる。

ゴーダマ・シッダールタはたくさんの師と出会い、そして別れ、修行を続けられたのである。

方便《ほうべん》

ご縁は授かりもの。それは導かれて授かることもある。

「嘘も方便」は、誰でも聞いたことのある言葉だと思うが、果たしてその意味を正しく知っているだろうか。嘘も方便なんだから何を言ってもいい、と解釈してはいないだろうか。

「欲の釣り針を持って引いて、のちに仏地に入らしむ」（『維摩経《ゆいまきょう》』）

本人が欲するところを満足させて、巧妙に更正の道へと導いていくという意味である。

適当なことを言って上手く行くというのは、「嘘から出たまこと」で、たまたまのことである。

祖録《そろく》から一例を挙げる。

（道元禅師『知事清規《ちじしんぎ》』）

お釈迦さまの異母弟である難陀《なんだ》を改心させた話。

お釈迦さまは、難陀の出家の時機が到ったことを察知し、難陀の家の門口《かどぐち》に立たれた。

それに気付いた難陀は、

「お釈迦さまがお見えになったから行ってくる」

「行ってはいけません。もし行けばお釈迦さまはあなたをきっと出家させるでしょう」

妻、孫陀利《そんだり》は難陀の衣《ころも》を牽《ひ》いて妨げた。

「なに、すぐに戻ってくるよ」

「それでは、私のこの化粧が乾かない中《うち》に帰ってきて下さいな」

「きっとそうするよ」

門口まで出てみると、托鉢のため、お釈迦さまはご自分の鉢《はつ》を難陀に渡した。

難陀は鉢を受け取り、ご飯を盛りに家の中に入っていった。

門口まで戻ってみると、そこにお釈迦さまの姿は見えず、弟子の阿難《あなん》がいた。

難陀が阿難に鉢を渡すと、

「その鉢は誰から受け取ったものか？」

「お釈迦さまから受け取りました」

「それならお前がお釈迦さまに直接渡しなさい」

それで、難陀はお釈迦さまを追いかけて鉢を渡した。

お釈迦さまは有無もなく難陀の頭を剃ってしまわれた。

「何をされるか。いやしくも一国の王子、断りもなく頭に刀を当てるとは如何に」

と憤《いきどお》るも、お釈迦さまともめてもなんなので、と内心観念した。

（まあ、今は言うことに随《したが》っておいて、日暮れに帰ればいい）

「難陀を知事の役にしなさい」

お釈迦さまは阿難に告げた。

阿難がそれを難陀に伝えると、

「知事とはどんな役か？」

「寺内《けいだい》（境内）を巡察するお役だ」

「どんな仕事があるのですか？」

「修行僧が托鉢に出かけたら、寺内の掃除、水まき、薪割り、牛の糞を取り除き、戸締まりをしたりするのだ」


修行僧たちが出かけていった時である。

早速、難陀は言われた通り用心のためにと戸締まりをしようとするが、弱り目に祟り目、泣き面に蜂、貧すれば鈍するというやつで、西の戸を閉めれば東の戸が開き、南を閉めれば北が開くのだった。途方に暮れた難陀は思った。

「逃げてしまえ、もし盗難にあったとしても、のちに私が父の後を継いで国王になった時に充分に償うことが出来るだろう」

「だが、ちょっと待てよ。大通りを逃げればお釈迦さまの帰り道、見つかるといけない。小径《うらみち》を行こう」

と出たものの、ばったりお釈迦さまに出会ってしまう。

「いけね」

そこで、難陀は樹の茂みに隠れた。

風が吹いてきて樹の枝が払われ、難陀は見つかってしまう。

「こんな所に何故いるのか?」

「家内のことが心配なもので……」

そこでお釈迦さまは、難陀を連れて鹿子母園《ろくしぼえん》という所まで来た。

「お前は香酔山《こうずいせん》を見たことがあるか？」

「いいえ」

お釈迦さまは神通力でもって、またたく間に香酔山にやってきた。

そこは、山の上に果樹が植わっていて、その樹の下に一匹の焼けただれた姿の雌猿がいた。

「この猿と妻の孫陀利と見てみてどうか？」

「あの猿に比べたら孫陀利は天女のようです」

「ほう、お前は天女を見たことがあるのか？」

「いえ、ありません」

「では」

お釈迦さまはまた神通力で、今度は三十三天に難陀を連れてやってきた。

三十三天を順々に見ていき歓喜園《かんぎえん》に到着した。

そこは絶世の美男美女が舞い遊ぶ、歓楽に満たされた楽園であった。

そこに、夫のいない一人の天女がいた。


難陀は不思議に思い。

「あの天女はなぜ一人でいるんですか?」

「自分で聞いてきなさい」

難陀が天女に尋ねると、

「お釈迦さまの弟子の難陀さんが出家得度されると、のちにはここに生まれ変わり、私の夫となられます。それを私はここで待ち続けているのです」

お釈迦さまが難陀に尋ねた。

「どうだい？　この天女と妻の孫陀利とどちらがいいか？」

「もう、天女に決まっておりますよ。天女に比べりゃうちの孫陀利は香酔山の猿みたいなもんで」

それで難陀は家に帰らず、修行に勤しんだのだった。

＊

とまあこんな感じで、話はまだまだ続くのだが、以降は割愛する。

お釈迦さまは修行から逃げようとする難陀を修行しようという気にさせるわけだ。ところが、彼は不純な気持ちから修行に励んでいるのである。

お釈迦さまは次に、難陀の修行が修行とは言えない不純なものであり、このままでは出家の志は成就しない、地獄に落ちてしまうぞと導いていくのである。

お釈迦さまのように、こうして長い目で導いて下さる師がいれば、いずれは自分で自分の過ちにも気が付くだろう。

出家したらそれでお坊さんの出来上がり、ではないのである。

出家しても生き方が定まらなければ難陀のように逃げ腰になりがちで、あっちに比べればこっちの方が良いとか、どっちが得するか損するかなどと邪心を持って、お寺に迷い込んでいるだけのことなのだ。

ところが、お寺に入って迷うというのは、お釈迦さまのお導きの中で迷っていることでもある。

知らない土地で人に道を尋ねたら、教えられた通りにまずは行ってみるだろう。

出家したばかりの小僧は、仏道の中での迷い子なのである。

〔コラム〕

休みの用心（『常清寺たより』令和二年五月）

にごりなき心の水にすむ月は
　波も砕けて光とぞなる
（道元禅師『傘松道詠《さんしょうどうえい》』）

昨今、生活が一変し、家で生活することが大切になりました。ニュースでも問題になっておりますが、家の中にばかりおりますと、知らず知らずにふさぎ込んで考え込んでばかりで、家庭内のいざこざが起こっているようです。

昔の人は、物事はだんだん変わっていくのではない、ある日カタンと変わってしまうと言っております。水面下で事は変化し、結果はフッと頭を出す。

諸行《しょぎょう》無常《むじょう》と言いますように、事に常は無いのですが、我々の頭の癖、目の癖の方が固まってしまっており、無常を観ずることが出来ず問題が生じてくるわけです。

兎《と》にも角《かく》にも、このような事態になってしまった以上、こちらの頭の方を切り替えて、今為すべきことに専念しなければならないと思います。それでも、頭でわかってもどうも身体が言うことを聞かないとなるのは、我々の癖が「自分の思い」を主人公にしているからです。

現在、医療関係の人たちが、何の思いも浮かばずに仕事をしておられるのかどうか。思いは常に湧き出すもので、様々な思いが交錯する中での現場に違いありません。その中で、その思いに引っ張られないで専念しておられるわけです。

我々は、湧き出す思いが主人公ではありません。思いに引っ張り回されている本体こそが主人公なのです。

思いの幻影という雲の晴れたところに現れる曇りない月こそが自己《じこ》（本当の自分）、その自己のはたらきが他を恵み、照らすはたらきが出来るのです。

心静かにして、頭を休める時間を作って頂き、規則正しい生活を送って頂きまして、身心共にご健勝をお祈り申し上げます。

第二章　高校時代

修行

全国に本山・専門僧堂合わせて修行道場は二十ヶ寺ほどある。

修行道場に入門する（安居《あんご》と言う）には、出家得度の式を済ませていなければならない。

前述したが、私は発心《ほっしん》した（菩提心を起こした）わけでもないし、よく分からないうちに十歳の時に出家得度の式は済ませていた。

後で詳しく述べるが、私は高校の四年間、実家である生まれたお寺を出て専門僧堂と言われるお寺で生活をしながら定時制高校に通っていた。

どうしてわざわざ他所《よそ》のお寺に修行しに行かなくてはならないのか。

因みに修行道場に安居するというのは、住職になる上で絶対に必要なこととなっている。

「堂中の衆は、乳水《にゅうすい》のごとくに和合して、たがいに道業《どうごう》（仏道修行）を一興《いっこう》すべし。

いまは、しばらく賓主《ひんじゅ》なりとも、のちにはながく仏祖なるべし。しかあればすなわち、おのおのともに、あいがたきにあいて、おこないがたきをおこなう、まことのおもいをわするることなかれ、これ仏祖の身心という。かならず仏となり祖となる。

すでに家をはなれ、里をはなれ、雲をたのみ、水をたのむ。身をたすけ、道をたすけんこと、この衆の恩は父母にもすぐるべし。

父母はしばらく生死《しょうじ》のなかの親なり、この衆はながく仏道のともにてあるべし」

（道元禅師『正法眼蔵』）

分かりやすくまとめると、恩愛は断ち難いもの。その束縛を断ち切り、寄っかかりのない環境が道場である。親子というのはどこか互いに甘えがある。だから他人に頼らない、文字通り「一人前」になるには、行うことが難しい修行を一緒に行う仲間との環境の中、道場で共に励まし合い勤めることが何よりも大切である。

恩愛の家を出て（出家《しゅっけ》）、自分で自分を自己点検出来る「一人前」となり、世に出る（出世《しゅっせ》）には、修行を長く積んだ赤の他人の、癖のない善智識に仕えていくことが肝要である。

そう言えば、習字の先生も「自分で書いた字の、どこに問題があり、どう直せばいいか分からんでは、本当の先生にはなれない」と言っていた。

まことの出世にはまず自己を知らなければならない。

お寺で生まれた子にとって、出家期間、実際に我が家を出ることで修行生活の期間となるのである。

進学の道を行く大抵の人は、大学を卒業してからの安居となる。その道場は二十代からの集まりとなり、少なからず部活やサークルやバイトといった経験を経た人たちだ。それなりの人格形成はなされているが、私の入った道場といえば、中卒の十五、六歳からの集まりだった。大抵がお坊さんになろうと志して修行に来ているのではなく、

「ああ、何の由縁《ゆえん》でこうして今、ここにこうしているのだろう……」

という雰囲気を持った連中の集まりであった。

ここからは、私にとって何ものにも代えがたい経験談の一コマを書き連ねる。学校や勉強というものが性に合わない私にとって、多くの体験をこの身、この肌で実際に感じ取ったことが、現在に活きる「こころの肥やし」となったのである。

読む人の中には、これが修行なのか？　と思われる方がいるのも当然と言えば

当然だが、修行は修行として遂行されていたのであり、その合間に起きた人間の所業と思ってもらいたい。

（いつの世にも若者の流行《はや》り廃《すた》りがあるように、この出来事がずっと昔から今でも行われているわけではないので、くれぐれもご注意あれ）

勉強、部活、自分のやっていることに自己肯定感を持てず、無味乾燥な中学校を卒業し、軽い気持ちで現実の生活圏から外に飛び出した私だった。

その専門僧堂は、家から遠く離れた所にあった。

念願の圏外脱出だったが、待ち受けていたのは、後悔以外の何ものでもない。

お寺で修行に励み仕事をしながら、夕方からは定時制高校に通う四年間。

入ったその日から、学校に休みはあったが修行に休みはなかった。

週末の休み、連休、夏休み、明日は休みだ、どこに行こう、なんてことは一切皆無の生活。この生活に慣れるのは難しかった。四年間という時間は永遠のように思えたものだ。

〔コラム〕

安居《あんご》の道場《どうじょう》、諸仏《しょぶつ》の住世《じゅうせ》なり

（『常清寺たより』令和二年十二月）

今年は何と言いましてもコロナ禍でございました。現在もイベントのほとんどが自粛になっておりまして、何も出来ずにモヤモヤとしている間に一年が過ぎてしまったように感じられます。

医療体制が整い重症化は未然に防ぐことが出来るようになってきたようですが、万全ではありません。

人は良くも悪くも慣れということがありまして、自動車運転でも初めは怖い、危ないと慎重であっても、いつの間にかそれに慣れてしまうものです。

油断という言葉は、字の通り「油が断える」ということで、灯明の油がいつの間にか断えてしまい火が消えてしまうことからきているそうです。

油断のないように確かめ確かめ気を付けなければなりません。それは自分自身に気を付けるということです。

具体的には身口意《しんくい》の三つ。

身体が不健全ではいけません。日本には「行儀を良くする」というのがあります。こんな時ですが、背筋をシャンと伸ばして凛とした姿勢で過ごしましょう。

口は心の門と言います。道元禅師《どうげんぜんじ》の教えにも「三覆《みたびかえそう》して後《のち》に言え」とありますが、口に気を付けることは、心を確かめることです。

安心というものは落ち着けるものがあってこその安心です。「安心出来る居所」で「安居《あんご》」、それはこの身、この口、この心の住み家、自分でなければなりません。

自分という住まいに安心することが出来なければ、どこにも安心の住まいなどありません。

静かなる
深山《みやま》の奥もなかりけり
元の心がついてまわれば

規則正しい生活

歴史ある由緒正しい修行道場に入門を許され、初めてカミソリ（この当時は一枚刃のシックインジェクターしかなかった）で髪を剃り、剃り負けしてヒリヒリする青い坊主頭に着慣れない着物。同級生十名一同が、一室に集められた。

全員私と似た境遇であろうと推察される出で立ちであった。

生活するお寺は高いコンクリートの塀に囲まれていて、塀の上には有刺鉄線が張り巡らされていた。出入り口用の門は鉄で、警備員が二十四時間態勢で詰めていた。

寮は地上三階地下一階建てで、建物の周りは地上一階から地下一階までの四メートルほどに、幅一・五メートルの堀があった。

一階は役付きの方々（学校でいう先生のような教育係り）の部屋と浴室、食堂があり、仕事の依頼があるまで待機する部屋がある（唯一この部屋にだけテレビがあった）。

我々修行僧の部屋は二階で全部で十二部屋あり、一本の廊下に沿って片方六部屋ずつ並んでいた。その内の一部屋は、修行僧の教育を担当するお役の人の部屋。

一年生は一年生だけ集められ、二部屋に分かれた。他の部屋は一部屋に二年生、三年生、四年生の三人部屋。廊下側には窓があり、そこから部屋の全体が見えて、一年生の間はカーテンを掛けることは禁止されていた。

朝五時振鈴《しんれい》、大きな鈴を鳴らす係りが起こしに来る。すぐに起きて洗面し、着替えてから坐禅。

終わるとそのまま全員で本殿に移動して朝のお勤めである。そこからは三班に分かれ、内一班は本殿で引き続きご祈祷の仕事となり、残りの二班は本堂で朝のお勤めとなる。

三度の食事は飯台と言ってお坊さん専用の食器を使って皆と一緒に、作法に従って黙って食べる黙食。

仕事は午前二時間、午後二時間ずつ本殿で、申し込みのあった施主のご祈祷を勤める。また朝昼晩と本堂でのお勤めもある。それを三班で役割分担しながら午後五時頃まで行い、午後五時三〇分からは定時制の高校に通う。午後九時前に帰寮し、夜食の弁当とお風呂を済ませ、午後一〇時三〇分に就寝。

寝る部屋は三階にあり、一年生は一年生だけの部屋で寝る。二年生、三年生、四年生は一部屋で一同で寝る。

ここまで書くと、刑務所のようなイメージを持つかも知れないが、それは刑務所の方がお寺の規則正しい生活を真似したからである。

新到《しんとう》

字の通り「新しくやってきた」、新入り、新参の僧という意味。

まず、修行道場（以下僧堂という）では初めに、これから修行生活する上で日常使うお経や作法を覚える期間が設けられている。

この間を新到といい、まだ来客であって、帰りたければ「お客さまがお帰りです。どうぞ、どうぞ」と帰れるのである。この時点では、まだ高校入試も済んでいなかった。

毎年、この時点でお帰りになる人がいる。私の頃も一人帰った。名前も顔も覚えていないが。

それはそれは、あまりにも環境が一変するからである。

ここでは、僧堂の入門手続きには家族と一緒に来て和気あいあいとやっていられる。兄弟でふざけ合ったり、漫画を読んだり、談笑したりと。ところが、安居に不必要なものがないか荷物点検が済み、家族が帰ると、そこからガラッと気色が変わる。

心の準備が出来ていないのに、急発進するジェットコースターに乗っているようなものである。丁寧に覚えなくてはいけないお経、作法を教えてもらえるわけではない。

諸法皆是因縁生　因縁生故無自性
無自性故無去来　無去来故無所得
無所得故畢竟空　畢竟空故是名般若波羅蜜

「はい、正坐して、覚えたら手を挙げて」

「…………」

（挙手）

「はい、立っていいよ。言ってみて」

「しょほう、かいぜ、いんえんしょう……」

「違う、いんねんしょう、ね。坐って」

と、こんな感じである。

正坐

これはつらかった。特に二年間は本当につらかった。

保育園の頃から親に連れられてお盆には檀家を何十軒と回っていた。当時、足が痛くじっとしておられなかった記憶がある。その比じゃない。

とにかくつらい。「はい、正坐して、覚えたら手を挙げて」から一時間位経ったろうか？　足がもげそうなほどの痛み。実際は三十分位だったかも知れないのだが。

「痛い痛い痛い」で、ちっともお経の文言が頭の中に入ってこない。

この教育の仕方は、覚える時はもちろん、説教される時も、規則違反して罰を受ける時も同じく行われた。説教の時には、正坐と合掌（合掌した時の腕が地面と平行以上の高さに上がっていること）である。

いつも頭の中は「痛い痛い痛い」で、その場で覚えることも、注意されていることも、目や耳に届いてはいても、そうそう頭に入ってくるものではない。

随分後のことになるが、『唯識論』を学んだ時に、人間は目で見て、耳で聞いて、鼻で嗅いで、口で味わい、皮膚で感じる（西洋認識論）のではなく、その感覚器官に触れたことを心で感受している（東洋認識論）のだと教わった。

そのことを先に、実地で知る経験だった。そこに意識が働いていないと心に入ってこないことを知ったのだ。

以下は、ご祈祷の仕事中の出来事である。

二時間交代で勤めるのがならいのご祈祷であったが、施主を案内するのに少しばかり間が空くことがあった。その時三、四年生の方々は足休めに立ったりする。しかし一、二年生はというと、上級生の許可が下りないと立つことは許されない。正坐に慣れるためという理由からである。

足の痛みというのは、痛みのあまり読むお経の言葉が閊《つか》えて「クッ（苦悶の呻き）」という声が漏れることがある。それでも許可が下りないと坐っていなくてはならない。両手で身体を持ち上げて前傾し、少しでも足に負荷がかからないようにしながら痛みに悶《もだ》えるのである。

ある日、私の隣に坐っていた二年生の先輩は、身体が大きいということもあるがとにかく正坐が弱い人だった。私と同じような苦痛の表情を浮かべながらもがいていると、

「立っていいよ」

後ろから救いの声がした。

先輩は、「助かった」とばかりに立ち上がろうとしたが、しびれているのと足首が固まっているのでなかなか立ち上がることが出来ない。

また着物というのは、足をごそごそもがいていると、着物が乱れ、足に絡みつき、立ち上がる時に裾を踏んづけ、身体全体が持っていかれて転んでしまう。

その先輩は、痛みにもがきながら立ち上がろうとしたため、絡みついた着物と、

しびれるというよりは固まって正常な状態でない足とで、立ち上がった途端に隣に坐っていた役付きの方にエルボードロップをかましてしまった。

そして、その後捻挫してしまったのだった。

皆さん、正坐で足がしびれた時はくれぐれも無理をしないように。

〔コラム〕

お盆に考える

（『常清寺たより』令和二年八月）

お盆の準備では、お仏壇からお位牌を出してお盆のお飾りをします。そして迎え火を焚《た》いてお仏壇の仏国土《ぶっこくど》からキュウリの早馬で我が家にお迎えします。迎え火の灯りを提灯にして、お迎えしたご先祖さまにご飯を供えて過ごします。

父母がいます、二人です。その父母にもそれぞれ二人で計四人の父母。またその父母にもそれぞれ二人で計八人になります。曾祖父母まで数えると十四人の父母がいることになります。

いつの時代も我が子が元気に育つようにと、そのことはそのまま家門《かもん》繁栄の願いでもあります。

お盆のひと時、ご先祖さまに手を合わせ、私のご縁と繋がりに心を向けてみて下さい。今の自分を育《はぐく》んでくれたのは過去があるからです。どんな過去であっても今の自分を育む善種《ぜんしゅ》、善《よ》き種《たね》子となります。

八月十五日は送り火の日ですが、また、終戦の日でもあります。

提灯の灯《ひ》で送り火を焚《た》き、ナスの牛でゆっくりお見送りします。

忙しい日常に右往左往する中で、お盆にはしばらく、家族、ご縁、ご先祖さまに心を向け、多くのお蔭さまの上に今の日本があり、今の自分が育まれていることを感じて頂ければと願います。

お盆の仕方はまちまちです。多くの方は神社、寺院、お墓にお参りします。そこには御霊《みたま》（一つの言い方）が祀られているからです。神さまが、仏さまが、ご先祖さまがいらっしゃいます。どの存在でもそう信じる心があるのは、世界共通で人間の持つ信仰の表れと言えます。

信仰の仕方でお盆の祀り方もまちまちとなります。これでないといけないということはありませんが、「仕方」を真似るのか、「仕方にある心」を真似るのかが大切です。

一年生

新到の期間は、三階にある小講堂という所で寝起きして過ごすことになる。

この期間が終わると二階の部屋に移動する。

生活の場が変わるといっても、持っている物といえば入門時の荷物点検で許可された衣装収納ケース一個に下着と作務衣と日用品があるくらいで何の労もなく済む。

部屋は八畳間に押し入れ、着物を掛けるスペースが板間になって広くとってあり、四人分の机が置かれてある他は何もなかった。窓から見える景色は無機質な高い壁に有刺鉄線。その向こうに民家の屋根が少しだけ見えた。

周りを見渡すと、部屋にいるのは出会って一週間の、会話も交わしたことのないスキンヘッド。慣れないカミソリが横滑りして血だらけの者もいる。どんな奴かは知れないし、ハッタリが利いているので怖く見えた（お互い様だろうが）。

「ああ、後悔先に立たず、娑婆に帰りたい」

幾つかの事象が混沌として生み出され、縁起したものを心というが、この時の心持ちは、妄想が掻き立てられて何か収監されたような気持ちに陥ったものである。

ここで、生活指導が入った。
一、就寝時間以外は寝てはいけない。横になってもいけない。
一、壁にもたれてはいけない。
（ここで昔の人は考えた。それじゃあ二人背中合わせになってもたれ合えばいいじゃないか……と。しかしこれは禁止となった）
一、目上の人の目を見てはいけない。
一、廊下で目上の人とすれ違う時は、合掌し低頭《ていず》して見送らなければならない。
一、何を言われても「はい」とだけ答える。

〈返事の「はい」は「唯」と書く。字引を見ると「①ただ、ひたすら。②はい。返事の声」〈『新漢語林』〉となっている〉

一、一年間、登校以外は外出禁止。もちろん家への帰省も許されない。

一、コンセントの使用禁止

などなど。

ここまでの規則を見れば分かるだろうが、隣近所にどんな方が住んでいらっしゃるかも分からないのに、その人とすれ違っても目を見てはいけない、頭を下げて見送らなければならないでは、知りようがないではないか。

だが言われた通りにやるだけであった。

廊下で先輩が向こうからやってきた。目線は斜め四十五度下。合掌し頭を下げて見送る。

「おい。お前、今年入ったのか」

「はい」

「頭上げていいぞ」

「はい」

「お前どっから来た？」

「はい」

「名前は？」

「はい」

「はいじゃ分からねぇよ」

「はい」

とまあ、こんなことがあるわけである。

不条理というか、常識が通じる世界ではない。何でも自分で解釈出来て、納得いくことばかりじゃないってことがよく分かった出来事だった。

〔コラム〕

違《い》順《じゅん》相《あい》争《あらそ》うは心《しん》病《びょう》のもと

四苦八苦するというが、生・老・病・死の四つの苦に、愛別離《あいべつり》（愛する人と生き別れる苦）・怨憎会《おんぞうえ》（怨み憎む人と会う苦）・求不得《ぐふとく》（求めるものが得られない苦）・五陰盛《ごおんじょう》（身心の働きが盛んである苦）を足して八苦という。苦しみの本義は思い通りにならないということだ。

受け止めていかなければならない、どうしようもないこともある。

病の一つには怪我も含む。学生時代、ベッドを移動させようと持ち上げた途端、腰に激痛が走り、そのままベッドに倒れ込んだことがあった。

今ならすぐに手当てをするのだが、若気の至りか、無知から来る所業で、横になっていれば良くなるだろうとしばらく寝ていた。この時仙骨の上が潰れ、椎間板が左にはみ出していたのだ。

もしこの時の判断が間違っていなかったら、その後の人生、痛みを抱えながら生活することにはならなかったかも知れない。しかし当時なぜそう決めたのか、今ではその時の選択を知る術はない。

また、もう一つの人生を生きることなど誰にも出来ないし、そのもう一つの人生が今より幸せかどうかも分からない。

今ではこの出来事こそが、たくさんのことを経験する上で、様々な困難を乗り越える肥やしともなった。

二十代前半だったが、ちょっと待て。ここで大怪我してはこれから困ることになる。ちょっとリセットしましょ、と思っても、ちょっとたて込んでるから今病気になっては困る。と言ってはみても、誰かが取り計らってくれるものでもない、ちょっともそっともないのだ。「はい」と言って受け容れるしかない。言い訳は立たないのだった。

二度目が修行時代、三度目にはさらにもう二カ所潰れた。この時の症状は酷いもので、鍼治療をしてもブロック注射をしても痛みがやわらぐことはなく、歩くことはおろか、立っていることも出来ず横にもなれなかった。

しかしそんな事情に関係なく、人の生き死には訪れる。お葬式をお勤めしなければならなくなった。座薬を入れると十分ほどは何とか動けた。何とかその時間を上手く使ってお勤めしたが、痛みで気が遠のいたことを覚えている。立っていられないので机に指で体を支えて三分ほど話をしたら、机に汗のしずくで水溜まりが出来ていた。

そうなったらそうなったで、取り組まなければならないことがあるというもの——。

人は大きな流れの中で人生の舵取りをすることになるもの。

人が創った人工的な事物と仏さまという人為の加わらない自然の存在。生まれ、老いて（子供が成長するのも同じ作用）、病気になり、死んでいく。これは自然の成り行きであり、ただただ生命の躍動である。天変地異、天地の間に起こる自然の異変は人間にとっては災害ともなるが、これは宇宙の躍動であり、地球上の動植物はその恩恵を受けてもいる。その中、人が舵取り出来ることもあるだろうが、生命の躍動自体をコントロールすることは出来ないのである。

修行時、腰に痛みを抱える身だからこそ、普段は気にもかからなかったことが人一倍苦労と思う場面もあった。坐っているだけで、立っているだけで痛かったのだが、痛みのある箇所を調え、常に姿勢を正し呼吸を調えることで腰もだんだん良くなっていった。真っ直ぐな姿勢を保つことで身心共に活き活きすることを知った。

「痛み」は、ここに点検がいりますよ、という仏さまのメッセージでもある。悪い方向へ向かう時も良い方向へ向かう時も伴うものであると思う。坐禅・正坐共に痛みを伴うが、きっと良い姿勢は身心を良い方向へ導いてくれるものだ。

神・人間・パシリ・奴隷

前述のような生活態度も日が経つにつれて緩和されていき、先輩とも顔を見てお話し出来るようにもなった。

ところで、近頃では「自分たちだけの規則」で序列的に許されていくということは少なくなったようだ。ここには、四年生は「神」、三年生が「人間」、二年生が「パシリ」、一年生が「奴隷」という階級社会が形成されていた。

いくら気心が知れて空気は緩和されてきても、一年生に口答えが許されることはなかった。

黒を白と言われても「はい」と応えるというルールはここに始まる。

一年生は言われた通りに動く。「分かりました」と言う。

これは、「生きることのつらさなんて九九％は感情の問題のもつれ」と言った人がいるが、自分の気持ちをコントロールすることがいかに難しいか。つまり「我《が》」、人それぞれ、それ相応に我が強いからである。

また「我」というものは頭の良い人ほど、経験、知識の豊富な人ほど強い傾向がある。

子供を見れば分かることだが、幼児は素直で親の言ったことには「うん、うん」と言って納得する。ところが二歳頃、ものの分別《ふんべつ》がつくようになると、「いや、いや」と我のツッパリが始まるのである。趣味趣向が出始めるわけだ。

そして十六年も人間をやってれば、随分「我」も強くなっているし、個々の我に合わせていては統率はとれない。そこを挫《くじ》いてやらねば他を受け容れるようにはならないのである。

よく「コップにいっぱいの水が入っていては、そこに水を注ぎ足すことが出来ない」と言われる。

ここでの修行はつらい。悔しい。情けない。逃げ出したくなる。

ある意味馬鹿になりきらなきゃ乗り越えられないものである。

謂われのない差別はあってはならないが、上に立つ人間ならば、人の感情より事の始末のために理不尽なことも言わねばならない時もある。その時に少しでも相手の立場に寄り添うには、まず自らが経験しなければならないのではなかろうか。

それには個人の能力で優劣を決めずに、段階的に上がるための環境や暗黙のルールといったものを決めるのもよいのではないだろうか。

一年生は就寝以外横になることは禁止、もたれることも禁止、外出も禁止、寮内で先輩のお世話をする。部屋掃除、洗濯、マッサージ、プロレス技の実験台になるなど。

二年生になると、もたれることは許されるが横になるのは禁止。外出は許されるが、暗黙のルール上先輩のお使いでしか出てはいけないのだ。ただ、一年我慢して二年目からパシリとなっても、一人で堂々と外出出来た時の嬉しさは忘れられない。

三年生になると、これといった特別なルールはなくなる。人間らしい生活となる。

四年生になると、目の上のたんこぶはいなくなり下の者ばかりで、天下を取ったような気分に浸れる。

この階級社会、入って間もない一年生にでも自分の置かれた立ち位置がよく分かる。

小賢しい者は逃げ出す。格好つけてばかりの者も逃げ出す。

ある日、先輩の声が寮内に響いた。

「D・Jを見てないか」

同級生である。そう言われれば朝から見ていない。

お寺の修行は朝五時から始まっている。夜中に逃げ出したか？

もうすでに一〇時を回っている。近くにはいないだろう。

毎年一人二人あることなので、皆さほど気にもしていなかった。しばらくしてから、

「この一番奥のトイレ、さっきから入れないぞ。鍵かかってる」

共同トイレのすぐ隣だった私たちの部屋にその声が聞こえてきた。

少し経ってから、

「まだ、鍵かかってるぞ」

すると、

「おお、どうした、どうした」

先輩方がわらわら集まってきた。

「中に誰かいるのか？」

ドン・ドン・ドン（ドアをノックする音）！

「…………」

ドン・ドン・ドン！

「…………」

（鼻をつまんで声色変えて）

「ばびづでばぜん（入ってません）」

「？」

「おい、Ｄ・Ｊか？」

「ちがびばず（違います）」

どうやら逃げ切れず、トイレに隠れていたらしい。

馬鹿になりきらなきゃいけないが、馬鹿ではどうしようもない。

彼は後日、無事、夜中に逃げ切った。

キャラクター

四年間ずっと二十四時間共に生活をするということは、プライベートも仕事のオン・オフもずっと一緒なわけで、仕事の間だけ取り繕うなどということは出来ない。

つまり隠し事なんて不可能なのだ。

いや、何かをどうにかして隠し通してみても、「していない、やってない」と言い通してみても、その言い訳を含め、そういう奴なんだと知れるだけである。よって、人の数だけのキャラが生まれる。閉鎖された環境の中では、そのキャラというものが全体の中での自分の立ち位置となってくる。

たとえいい子ちゃんぶろうとしても、「ぶりっ子ちゃん」と知れているから、何をか言わんやである。そのキャラを維持しようとしてみたところで、常に誰かの目があるのだから疲れるだけ。結局、素直が一番である。

修行生活のリズムは、特別な行事の日でもなければ毎日同じ流れが繰り返されていた。

その中で、色々と係りが回ってくるのでその仕事をこなしていくのであるが、やはりどこにでもいるだろうが、仕事の覚えがいい奴と悪い奴がいる。

仕事の出来る者が優位に立ち、仕事の出来ない者が劣位になるというのは常識だろうが、実はそれがそう簡単には割り切れないのだ。

何が割り切れなくするのだろうか——。

優位と劣位、二つなら偶数で割り切れる。ところが、優位と劣位とキャラで三つ、これで割り切れなくなる——？

キャラというものは生まれ持った素質だろうか。人徳だろうか。

厚かましく馴れ馴れしいのに、どこか憎めない奴もいれば、うっとうしい奴もいる。

失敗ばかりしていながら、叱られはするけれどいじられキャラという奴もいる。
こういう奴はとても羨ましく思えたものだ。

私は少しでも自分の時間が欲しいと考え、昼間の空き時間は休憩し、就寝時間に一日の反省と仕事のイメージトレーニングをして次の日に備え、間違えないよう心掛けていた。

真面目に空き時間に勉強している奴に比べれば、何もしていない奴に映っただろうが、その生活態度は先輩から見れば生意気だ、偉そうだ、と思われたらしい。

そして、いつか「出来て当たり前」というキャラが出来上がっていた。

それで少しでも失敗があると、お前はふざけている、困った奴だという感じで懇々と注意を受けた。

中には高を括っていたのだろう、間違えていつまで経っても仕事を覚えられない奴もいた。何度やっても同じ間違いをするのでほっとかれる奴もいたし、調子よくやり過ごすのもいた。色んな奴がいて、本当に理解しがたい思いをしたのを覚えている。

でもそれこそが自分の立ち位置である。全体から見た舞台の上の自分のキャラと立ち位置、役割をよく踏まえておくことだ。そこを間違えると全体の秩序を乱すことにもなり、厄介者になってしまう。

学年が変わって全体の構成が変われば、自分の存在価値も自然と変わってくるので、自分一人で決め込まずに柔軟にやっていくことだ。

それに、大きな鐘はゴ～ンと鳴り、小さい鐘はチ～ンと鳴る。どっちも同じ鐘の音だけど、人の好みばかりはどうしようもないし、適材適所で、大きいのは大きいなりに小さいのは小さいなりに必要なのだから、やるしかないんだなと思う。

出来る和尚さん

どこにもいるのではなかろうか。

「私が一番、仕事が出来る」

「私がいないと仕事が回らない」

周りからは、

「あなたがいなくなったら大変」

「あなたがいると助かる」

と言われる。いないならいないなりに回っていくのだが。

確かにその通りかも知れないが、その人がいるがために、努力せずに楽している人もいるのだ。

賢さにも色々あるものだ。

ご祈祷をするのに太鼓を叩く。これがまた独特のもので、器用さとリズム感を必要とする。その練習は二年生から始まり、早い者で二年生の終わり頃に、通常は三年生から仕事で叩くようになる。

これぱかりは天性もあると思う。早いのはすぐに出来るから。

しかし、「出来る」と「身に付く」とは違う。

「出来る」は「おでき」のように出物腫れ物所嫌わずの馴染まなさがある。「身に付く」とは自然なもの。普通ということである。

バンドでもドラムばかりが主張していては全体が崩れてしまう。

安居する上で大切なのは「乳水和合《にゅうすいわごう》」（牛乳と水が溶け合うようにして和すべし）、「抜群無益《ばつぐんむやく》」（群を抜けては益無し）である。

よく「抜群のセンス」というが、共に修行、仕事を進めていこうとする上では抜群無益、一人だけ群を抜けては、和合の徳、大勢の中でこそすぐれた力、摩訶不思議なはたらきは現れないのである。

「一炬《こ》の火あり、数千百人各《おのおの》炬を以て来り、分かち取りて食を熟、冥を除くも、此の炬故《もと》の如くなるが如し。福も亦之の如し」（『仏説四十二章経』）

小さな一本のロウソクの火でも、多くのロウソクに火を分けることで、冥闇を除き、また食を煮て人に恵む力にもなる。しかもその火はそのままにして衰えず。福もまたその通りである。

また、

「唐の太宗の時、異国より千里の馬を献ぜり。帝これを得て喜ばずして、自ら謂《い》えらく、たとい我独り千里の馬に乗りて千里を行くとも、従う臣なくんばその詮なきなりと」（『正法眼蔵随聞記』）

どの学年にも出来る人はいた。「オレは他とは違うんだ」と足並みを乱し、「オレは出来るんだ」と一人で進め、一人敵陣に駆け入って「オレは大変だ、オレは忙しい」という。

——傍《はた》の見る目が分からないから傍迷惑という。

共同生活の中では浮いた存在がいるほど住み心地の悪い環境はない。

また、たとえ権力を持って上に立ち栄華を極めたとしても、満開は散り始め。

散る桜　残る桜も　散る桜　　良寛

修行道場という閉鎖された空間はもちろん、家庭、社会の出物腫れ物所嫌わずと馴染まないよりも、自我を抑えて乳水和合、抜群無益、よく事を収める者は争わずと、これは四年間たくさんの人を見て、たくさんの状況を見て感じたことである。

とは言え、その人が「生き心地」よければそれはそれでいいのだが……。

第三章　過去があっての今

まだまだ私にとって大切な肥やしはいっぱいあるけれど、楽屋で話が出来ても舞台では話せないことってのがある。文章力の不足……とも言うんですけど。

喉元過ぎれば熱さ忘れるというように、今ではどれだけつらかったかなんて覚えていない。

ただ、こうして文字に起こしていると、どんどんよみがえってくる。そして思い出の中の自分はどんな姿も自分なんだと知れる。

かっこ悪い姿も、泣いていたのも、逃げたのも、誤魔化したのも、どれ一つ欠けても今の自分にはなれなかったんだな、と思う。

今まで出会ったどの人も、順縁《じゅんえん》・逆縁《ぎゃくえん》、どの出来事も自分をここまで成長させてくれた善知識だったんだと気付く。

渦中にいた当事者にはつらいだけだったし、悲しいだけだったし、それらが仏道へ導く機縁となるもの、善知識とはその時は思えなかった。でも、その波涛が止んだその先では善知識となる。

不惑の道は遠い

孔子曰く「吾十有五にして学に志し、三十にして立つ。四十にして惑わず」。

人生そんなに急いじゃいけない。

「霧の中を行けば、覚えざるに衣湿《ころもしめ》る」

先が見えないような濃い霧の中を歩いていると、いつの間にか衣服が湿っているように、身を置く環境によって無自覚のうちに受ける影響というものがある。

なおざりにでも学を進めることを忘れずにいれば、自覚はないけれども沁み込んでいることに、ふと気付く日はやってくる。

私の場合は、学に志した覚えはない。

ところが、勢いで飛び込んだ僧堂での高校四年間の環境は、ごちゃごちゃ頭で考えるより先に、私を振り回して過ぎていった。

そこが「学道のド真ん中」だったと気が付いたのは、ずーーっと後のことであった。

図らずもの奇縁の生活を終え、お寺の生活がお腹いっぱいになった私が思ったのは、「一度でいいからお寺と関係のない生活をしてみたい」だった。

そこで、大学ライフには家からさらに遠い地を選択し、これまでの規則正しい生活とは打って変わって、自堕落な生活を送る私の身体はやがて太っていった。とにかく遊んだ。就活などしなかった。お寺以外の仕事に就くことなんて無理だろうと思っていたからだ。

さらに腰痛（ヘルニア）持ちになって、私生活もままならなくなって大学ライフを終えた。

卒業後、まだ修行期間が足りない私はさらに別の僧堂に行かなければならないのだが、始終腰の痛みと付き合いながらで私生活もままならない。そんな状態で

「またあの修行生活が始まるのか」と思うと逃げ出したくなるのは当たり前。事実逃げ出してしまった。

但し、行き当たりばったりの無計画な自分である。すぐに就職出来るほど世の中甘くはないわけで、まずはパートから始め、いずれ社員になろうと働き始めた。

こんなことは当たり前なのだが、仕事の時間が終われば家に帰れる。家に帰れば干渉されることはない。気楽だった。

これも当たり前だが、仕事は利益を追求するためのもの。そのためには人としての道、倫理を無視してでも利益になることをする。結果のためには、たとえ不当と知っていてもその行程を正当化していく考え方、やり方は気が重かった。

そこで、利益本位の仕事を辞め、修行に行くことにした。

何よりも、大学、仕事といくら環境を変えてみても自分の心の蟠りがとけることはなかった。まずは「お寺」という宿縁を解決しておきたかったからだ。

「修行はつらいよ。こんなものじゃないよ」

会社を辞める時に社の人から言われた最後の言葉である。

修行が何かも知らないのによく言えたものだと思った。こっちは修行をかじってから仕事に就いている。人は勝手に妄想して自分の世界観でものを言うものだ。何がつらくて何が楽かは、他人の尺度で測られても納得いくものじゃない。ステレオタイプの価値などあってはならない。今さらどうでもいい一言としてその時は聞き流した。

〔コラム〕

十日《とおか》の菊

(『常清寺たより』令和元年十一月)

十月、十一月になりますと、各地で菊まつりが催されます。菊と言えば、九月九日(旧暦)の重陽《ちょうよう》の節句。今年は十月七日になります。

日本の暦を見ますと、一月(睦月《むつき》)、二月(如月《きさらぎ》)、三月(弥生《やよい》)、四月(卯月《うづき》)、五月(皐月《さつき》)、六月(水無月《みなづき》)、七月(文月《ふみづき》)、八月(葉月《はづき》)、九月(長月《ながつき》)、十月(神無月《かんなづき》)、十一月(霜月《しもつき》)、十二月(師走《しわす》)と、旧暦にはその季節を感じられるような名前がつけられております。

睦月「仲睦まじく正月」、如月「衣を更に着る着更着《きさらぎ》」、弥生「草木が弥《いよいよ》生えてきた」、卯月「初夏の花、卯《う》の花が咲く頃」、皐月「田に早苗《さなえ》(若い稲の苗)を植える早苗月」、水無月「田に水を引く頃」、文月「七夕に文《ふみ》をしたためる月」、葉月「紅葉し、やがて落ちていく頃」、長月「夜が長くなる頃」、神無月「神々が出雲《いずも》に集まり、神がいなくなる」、霜月「霜が降りる頃」、師走「年極《としはつる》」。

他にも各月に別名がありまして、九月を菊月《きくづき》とも言うそうです。

お仏壇に花を供えたり、果物を供えてお参りしますが、お下げする時はどうでしょう。こうして無事に節目を迎えられる、感謝の気持ちを形にしてお供えし、感謝の言葉「お蔭さま」を口にするのがお供え物。お下げする時には、そのお蔭さまを頂戴して、今度は自分が誰かのお蔭さまに勤めなければなりません。

九日の重陽の節句に向けて大切に育ててきた菊も、十日では時期はずれで役に立たない残菊《ざんぎく》、十日《とおか》の菊。

今を逃して十日の菊にしてしまわないよう、温故知新《おんこちしん》、大切に育ててこられたことに温《なら》うが肝心《かんじん》です。

〔コラム〕

「一」の大事（『常清寺たより』令和二年九月）

彼《か》の千利休《せんのりきゅう》が、ある日、茶杓を壁に掛けるため、釘を大工さんに打ってほしいとお願いしました。

釘を打つ場所を、色々なことを深慮の上で決め、そこに印をつけました。

しかし大工さんは準備に少しばかり目を離すと、印の場所がわからなくなってしまいました。そこでもう一度利休さんに印の場所を決めてもらうようにお願いをすると、また、色々な状況に思いを巡らし、「ここ」という場所を指さすと、そこは寸分違《すんぶんたが》わず前につけた印があったということです。

「稽古とは一より習い十を知り、十よりかへるもとのその一」（『利休百首』）

私たちは何か目的をもって物事を始めますが、しばらく経つと初心《しょしん》を忘れてしまう。好きで始めた仕事も、しばらくすると、だんだんとやり甲斐がわからなくなって来るという話は耳にします。

「初心の弁道《べんどう》、すなわち本証《ほんしょう》の全体なり」（『正法眼蔵』）

例えば、出発駅で目的駅を決めて列車に乗る。出発が目的駅への全体を決めています。路線が決まっているのだから初心の弁道も、だんだん進んできた後心の弁道も全体に変わりはありません。

大切なことは、どこまでも初心の弁道を掘り下げていくことと教えられました。花は大きく育つには、深く深く広く広く根を張ります。どうも、私たちは綺麗な花にばかり目がいってしまい、根っこの大事を忘れてしまいがちです。

お釈迦さまは、まず「まあ、坐りなさい」と相手を落ち着かせ、それから話を聞き、教えられました。

落ち着き、心を静め、思い巡らす。何事に対しても第一に大切な初心です。

四種の馬

仕事を辞めて、改めて修行生活に入ろうと思ったのは二十代半ばの頃である。それも自分の決意というよりも気が趣いただけのことで――。人生の方向性も定まらず、選り好みする、我が儘な自分の弱さに翻弄されてばかりであった。つくづく鈍根《どんこん》な人間だと思う。

『雑阿含経』に曰く、「仏、比丘に告げたまわく、四種の馬ありと」。

・一は、鞭の影を見て驚き御者の意に従う馬
・二は、鞭、毛に触れて驚き御者の意に従う馬
・三は、鞭、肉に当たって驚き御者の意に従う馬
・四は、鞭、骨に達してやっと驚き御者の意に従う馬

一を聞いて十を知るような大事を成す人は御者が鞭を振り上げて毛に触れたところで走り出すのだろう。いや、鞭の影を見て事の次第を察知するような人もおられる。

私の場合は、骨まで響かないと分からない鈍根の者であった。改めて入った修行道場では、私にとって人生の恩師となるお方に巡り会うことになる。

ある日、お客さんがいらっしゃってお茶を出した時のことである。

「おい、掃除が出来とらんぞ」

「はい、すいません」

「お客さんの上手《かみて》から出す奴があるか」

「座布団に乗るな」

「お茶とお菓子の位置が反対じゃ」

動くたびに注意された。

見かねたお客さんが、

「老師、厳しいですね」

「こういう奴はな、人前で叱って恥かかんと分からんのじゃ」

こうしたことがよくあった。

なのに未だに、ろくにお茶出し一つ出来ないが。

ホントに、四馬の骨の髄まで響いても効かない、鈍根の者である。

それでも恩師に受けたご教導は身に沁みて忘れていない。

私のような鈍根の者は、まず一番にかわいい己が傷みを体感しないと、一を聞いてもその本質が知れず、勉強して頭の体操をするだけでは分からないのだ。

中学時代、自分で自分の道を切り開く自信が持てず、自暴自棄に過ごした。そのことで、ようやく道を求める大切さに気付く。

高校時代、初めて飛び込んだ環境が、私に霧の中を行くかのような経験を刻んでくれた。そのことで、ようやく安居こそが大切なんだと気付く。

大学時代、自堕落にして自分の体を壊し、放蕩して無駄な時間を鬱々と費やした。そのことで、ようやく身体の不調は心の不調、身と心は別にあるのでない、身心一如なんだ。そして、今を大切に生きようと気付く。

いっときの就職時代、お寺の世界しか知らない私に見せてくれた娑婆世界。そこで、世間の見方・考え方を摘まみ食い。

そして退職後、人生の方向性も定まらず、迷子になり、寄り道ばかりして、何となく改めて修行に行き、そのことで、恩師と出会い、道に専念することが出来た。

もし、そつなく過ごしてきたら……恩師と出会っていなかったら、どうなっていたんだろうかなんて思う。

寄り道していろんな景色を見て、たくさんの人間所業を見てきたからこそ、恩師の教えが身に沁み、道に専念出来たのだと思う。

冷暖自知《れいだんじち》（冷暖自ら知る）と言うが、冷たい・熱いは自分で触れ、身を以て知れ。悟りは人から教えられて理解出来るものではなく、本人が悟らなければ理解出来るものではない。これが修行の鉄則である。

修行を通じて、直に得たどんな経験も、どんな思いも、無駄にしたどんな時間も、「さあ、これからどうする」との指針、大切な「こころの肥やし」として勤められるようになった。

また、「一病以て、初めて人に優しくなれる」と言うが、一番かわいい自分に、傷みが身に沁みているからこそ、他人の傷みを感じ取り、寄り添っていけるのではないだろうか。一を聞いて十を知るような、鞭の影を見て事の次第を察知出来る人、毛に触れて走り出せるような賢い人、身に沁みる傷みを知ることが出来る人間になれるのだろうか。

人権、戦争、災害、悲しみ、つらさ。そのことが身に沁みている人こそ、真の冷暖自知の方々だと思う。その人たちこそが一番、事の大切さが身に沁みているのではないだろうか。

〔コラム〕

如来《にょらい》さま（『常清寺たより』令和二年六月）

仏さまを如来《にょらい》さまとも言います。釈迦《しゃか》如来・阿弥陀《あみだ》如来・薬師《やくし》如来。

ちなみに、仏でありながら我々の修行を扶《たす》けるために敢えて親《ちか》しい存在であって下さるのが菩薩《ぼさつ》さま。観音《かんのん》菩薩・地蔵《じぞう》菩薩・文殊《もんじゅ》菩薩。

お経ではその如来さまのことを、

「無所従来亦無所去故名如来《むしょじゅうらいやくむしょここみょうにょらい》」（『金剛般若波羅蜜経』）

（従い来《きた》る所無く、亦去る所無し、故に如来と名づく）

仏さまは、

「如来如去《にょらいにょこ》」（来るが如く、去るが如く）

これについてこんな教えがあります。

玄沙《げんしゃ》というお坊さんが諸方に修行の旅へ出る途中、石に躓《つまず》いて足から出血をしました。あまりの痛さにしゃがみ込んでいると、ふっと、

「痛自何来《つうじがらい》」（この痛み、どこから来たか）

長いこと足を曲げているとだんだん足が痺れてきて痛くなります。足を伸ばせば痛みはとれます。

どうして、足を曲げるとどこかから痛みがやって来るのか。足を伸ばすと「痛いの痛いの飛んで行け」とどこかへ行ってしまうのか。

「来るが如く、去るが如く」縁起するのです。初めから「在る」のでもなく、消えて「無く」なったのでもありません。

仏さまは如来さま。

「仏とは即心是仏《そくしんぜぶつ》（心即ち是れ仏）なり」（『正法眼蔵』）とあります。

つまり、如来如去の仏さまは遠くにいるのではありません。私の心が即心是仏

なのです。仏さまは確かにいらっしゃる。どこかからいらっしゃるのでなく、どこかへ行ってしまうのではなく。

最後に、今はまだ辛抱の時期です。

辛抱は「する」のではなく「立てる」ものだと思います。辛抱（心棒《しんぼう》）を立てる。一人一人が背筋をしっかり伸ばして折れない心棒を立てることが大切ではないでしょうか。それはそのまま仏さまのご加護《かご》の姿です。

〔コラム〕

身心《しんじん》は一如《いちにょ》

（『常清寺たより』令和元年七月・八月）

（一）

世の中、楽に、住みやすく、便利にと、科学、医療、経済が進む一方、心の方は、不平不満の吐き出しで新聞・テレビを賑わせております。

〝世間ゴタゴタ家内安全〟と沈めば浮かぶところもあるようですが、明るい話題で賑わってもらいたいものです。

道元禅師《どうげんぜんじ》の教えに「身心一如《しんじんいちにょ》」というものがあり、つまり、身体と心は別々ではないと言われます。今でも心身と言うように、心が先にきます。

心が大切なのは当たり前ですが、「心こそ心惑わす心なり」の古人の詩《うた》があるように、心コロコロとなかなか定まるものではありませんし、心が重んじられた時代には、身の方が軽く扱われることもありました、魂、道などと言葉を変えて。

その時代に「身心」と身を先にした「身心一如」。

威儀《いいぎ》即《そく》仏法《ぶっぽう》　作法《さほう》是《これ》宗旨《しゅうし》

威儀とは身だしなみ、姿勢、言葉遣いなど。作法は昔より伝わる所作。威儀を調え、作法に随《したが》って身の型《かたち》を調えていけば心自《おの》ずから調う。

「水は方円《ほうえん》の器に随う」

方《ほう》は四角、器の形がそのまま水の形。これが曹洞宗《そうとうしゅう》の教えであり、日々の生活態度であり、心に惑わされない心の調え方であり、安心《あんじん》であります。仏さまと変わらぬ姿なのです。

「我《われ》昔より造れる諸々《もろもろ》の悪業《あくごう》は、皆無始《むし》の貪瞋痴《とんじんち》によりて身《み》と口《くち》と意《こころ》（心）よりの生みものなり」

お参りする時は、ロウソクを灯して線香を真っ直ぐ立てて、背筋を真っ直ぐにして、口にはお経や感謝の言葉を唱えましょう。

「身心安寧《しんじんあんねい》ならざれば身心安楽《しんじんあんらく》ならず」（道元禅師『学道用心集』）

（二）

「盆と正月がいっぺんに来たようだ」

とっても嬉しいことが重なった時のことを言います。家族、親兄弟みんな集まって斎《いわ》い喜び合うのです。

第一に、仏さま、神さま、ご先祖さまに奉《まつ》り報告し感謝します。おまつりが出来ないのは人の道を知らない餓鬼《がき》仲間です。こうして今があることのご縁を見つめられない、自分のことしか考えられぬ生き方をしているのです。

また、今の世はモノがあふれかえっております。「いただきます」という言葉は、頂いている、頂くことが出来るという感謝を忘れてはなりません。たくさんの人の苦労がわからない、こうして今あることが当たり前と思う、それは貪《むさぼ》りのガキ（餓鬼）仲間です。

「いただきます」の心

一、いただきます。今ここに私が頂けるまでの苦労に感謝して。
一、いただきます。今ここに私が頂くに相応するか反省して。
一、いただきます。今ここに私の選り好みの修養《しゅよう》のために。
一、いただきます。今ここに私の身体《からだ》の健康をよく保つ目的のために。
一、いただきます。今ここに私が頂く命を他《た》に巡らすと念願《ねんがん》して。

お盆には家族が集まります。お盆のお飾りをしたら、自分たちが食べる前に仏さま、ご先祖さまにお灯明《とうみょう》を点《つ》けて、線香を立てお供えします。「感謝・反省・修養・目的・念願」の心でみんなで一緒に手を合わせ「いただきます」。

お盆の心、ご供養の心、合掌の心です。

あとがき

こうして昔を振り返りながら文章にしてみると、大きく道を外れることなくやってきたなと思います。また、外れようがないんだなとも思います。孫悟空が仏さまから逃げて、宇宙の果ての柱におしっこしたら、それが仏さまの指だったように、そのことに気付けない危うい時期はありましたが……。

それもこれも、よく自分を見てくれる周りの目があったからなんでしょう。

そして一番、嘘・誤魔化しが出来ないのが自分の目、それを「誰を誤魔化すことが出来ても、仏さまが見ておられるからな」と昔の人は子供に言って聞かせたものです。

私は幼少期に不思議な体験をしました。

朝ご飯で何か食べたくないものがあり、「これ食べない」とごねていました。

するとが父が、

「食べないと仏さまに叱られるぞ。ほら、仏さまが本堂からやってきた、やってきた」

すると、確かにドン・ドン・ドンと足音が聞こえてきて、振動を感じたのです。

そこで、怖くなって全部食べてしまったという経験があります。

朝食後、本堂で仏さまの像を見ると怖い目をしていました。

（でも、いつも通りでその姿に変化はありません）

あれが、父が机の下で足をドンドンしていたのか、空耳なのか分かりませんが、確かに何かが近づいてきた感じがしたのです。そして、とても厳しい目をした仏さまに見えたのです。

人は心持ち一つで見え方が変わるものです。

私が僧侶ということもあってか、人様の人生経験、家庭事情、ご両親やご夫婦の関係といった、込み入ったお話を伺うことがあります。どの方もつらい経験をされ、我慢して、諦めてこられた過去がございます。過ぎた事象を変えることは出来ませんが、受け止め方を変えることは出来ます。

「同じ水を飲んでも蛇は毒とし、牛は乳に変える」

恨みつらみの邪《じゃ》とするか、私をよく導いてくれる菩薩、「こころの肥やし」にするか。

仏・菩薩・お仏壇は「心の風景画」だと思います。明暗や濃淡があって一枚の素晴らしい風景画が出来上がるのではないでしょうか。その心の風景画に掌《たなごころ》を合わせることで成仏・仏さま・ご先祖さまのお仏壇のお姿になると思います。

崇拝される仏さまに観音さまがいらっしゃいます。正式には観世音菩薩《かんぜおんぼさつ》、観自《かんじ》在菩薩《ざいぼさつ》と言います。

「観《み》てみれば世の知らせの菩薩さま、観てみれば自らに在《あ》る菩薩さま」

真実はどうなのか知りませんが、私は幽霊や祟りを信じません。私の心模様がその心の対称を依代《よりしろ》にして、そう見せたり聞かせたりするのだと思っています。

食べ物を残すことはいけないこと、仏さまは怖いという幼少期の私の知る世界観が、そう観せたのだと思っています。

観世音菩薩

私にとって世の知らせは、多くの人のご縁と環境が観せて下さいました。

観自在菩薩

私の中にあるものは、多くの人のご縁と環境が作り上げてくれました。

人の道を外れないように私を育て導いて下さった菩薩さまです。

そしてそれは「心の風景画」として美しい人生風景を描いております。

多くの人と出会い、様々な環境の中で自分を見つめることが出来、自分を知ることが出来、「四十にして、ようやっと自立」出来たかなと思います。

四十の「不惑」とはいきませんが、思い通りにならない世の中で、少しずつ自分を誤魔化すことなく生きられることに幸せを感じています。

感謝と報恩で、感恩《かんのん》さま。

著者プロフィール

大巖 しゅんゆう（だいがん しゅんゆう）
昭和56年、愛知県生まれ
曹洞宗常清寺住職

四十にして立つ　こころの肥やし

2023年3月15日　初版第1刷発行

著　者　大巖 しゅんゆう
発行者　瓜谷 綱延
発行所　株式会社文芸社
〒160-0022　東京都新宿区新宿1－10－1
電話　03-5369-3060（代表）
03-5369-2299（販売）

印刷所　株式会社平河工業社

ISBN978-4-286-29042-3